Karl Johaentges

Niedersachsen

Eine Fotoreise durch das Land der Vielfalt

Mit einem Text von Hans Werner Dannowski

HINSTORFF

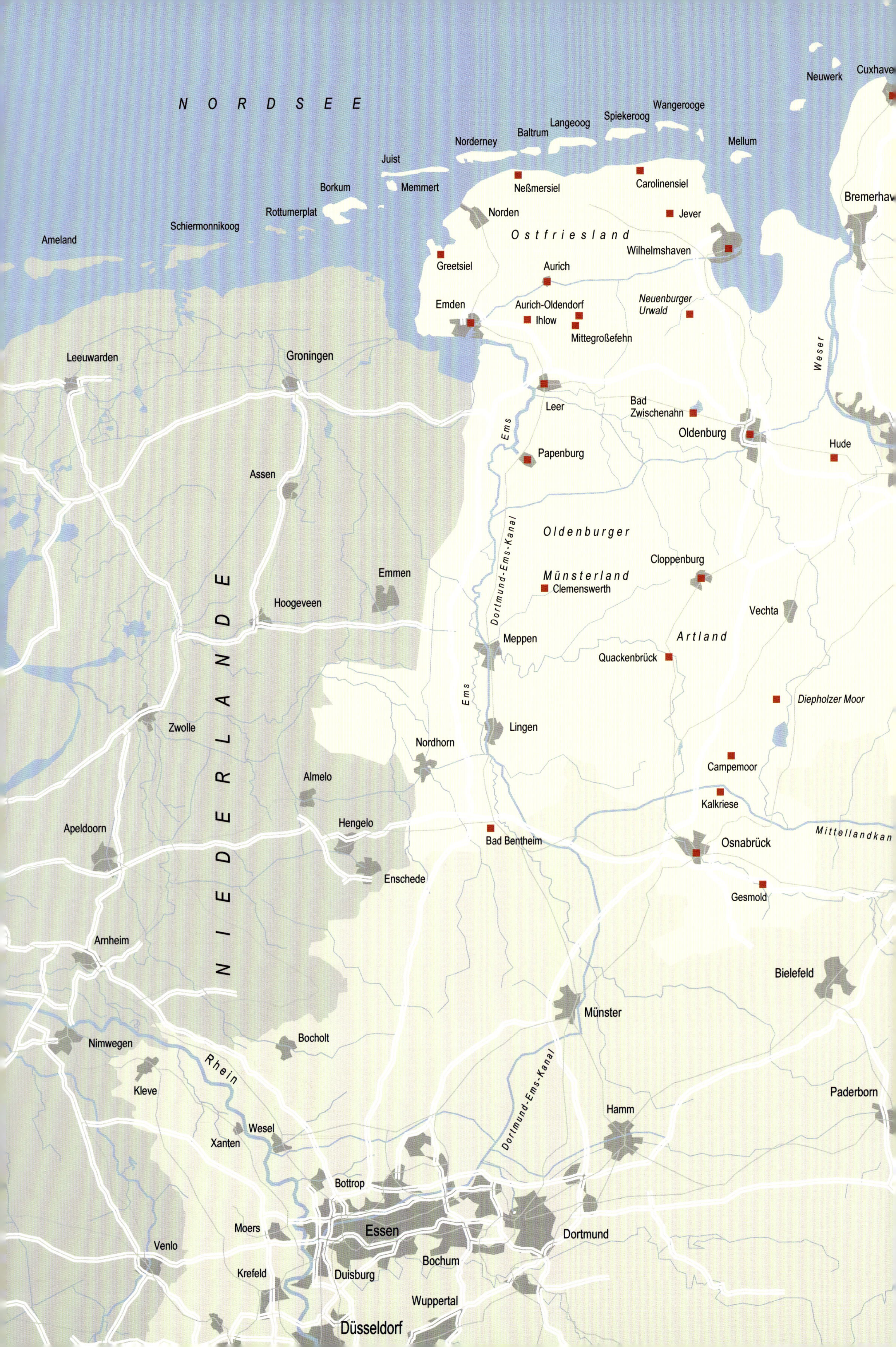

N O R D S E E
Neuwerk
Cuxhave
Wangerooge
Spiekeroog
Langeoog
Baltrum
Norderney
Mellum
Juist
Borkum
Memmert
Neßmersiel
Carolinensiel
Rottumerplat
Norden
Jever
Bremerhav
Schiermonnikoog
Ameland
Ostfriesland
Wilhelmshaven
Greetsiel
Aurich
Emden
Aurich-Oldendorf
Ihlow
Neuenburger Urwald
Mittegroßefehn
Weser
Leeuwarden
Groningen
Leer
Bad Zwischenahn
Oldenburg
Ems
Hude
Papenburg
Assen
Oldenburger
Dortmund-Ems-Kanal
Cloppenburg
Münsterland
Clemenswerth
Emmen
N I E D E R L A N D E
Hoogeveen
Vechta
Meppen
Artland
Quackenbrück
Ems
Diepholzer Moor
Zwolle
Lingen
Nordhorn
Campemoor
Almelo
Kalkriese
Hengelo
Apeldoorn
Bad Bentheim
Osnabrück
Mittellandkan
Enschede
Gesmold
Arnheim
Bielefeld
Münster
Nimwegen
Bocholt
Rhein
Kleve
Dortmund-Ems-Kanal
Paderborn
Hamm
Wesel
Xanten
Bottrop
Moers
Essen
Dortmund
Venlo
Bochum
Krefeld
Duisburg
Wuppertal
Düsseldorf

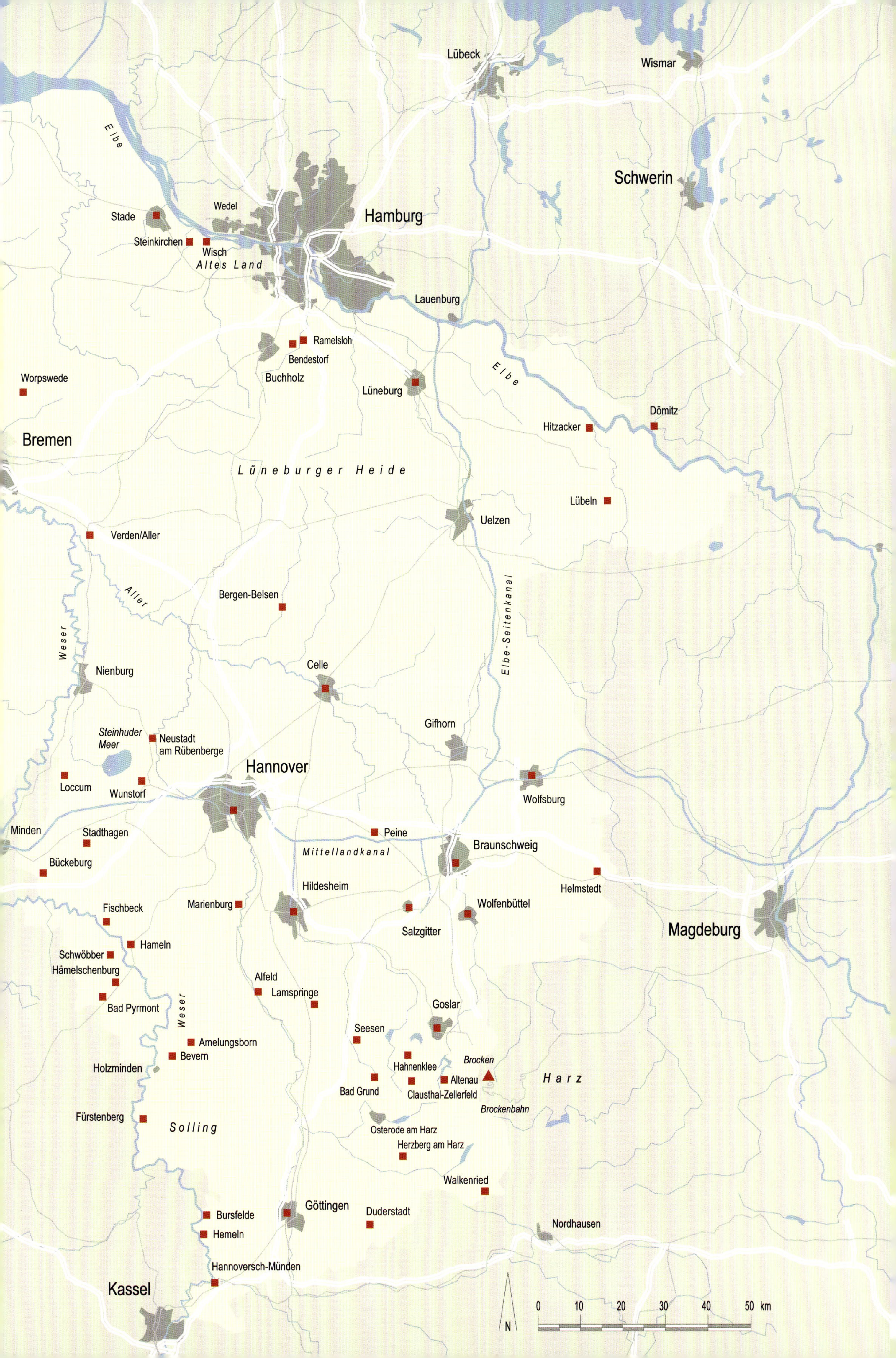
Lübeck
Wismar
Elbe
Schwerin
Hamburg
Wedel
Stade
Steinkirchen
Wisch
Altes Land
Lauenburg
Ramelsloh
Bendestorf
Buchholz
Lüneburg
Elbe
Worpswede
Hitzacker
Dömitz
Bremen
Lüneburger Heide
Lübeln
Uelzen
Verden/Aller
Aller
Bergen-Belsen
Elbe-Seitenkanal
Weser
Nienburg
Celle
Gifhorn
Steinhuder Meer
Neustadt am Rübenberge
Hannover
Loccum
Wunstorf
Wolfsburg
Minden
Stadthagen
Peine
Braunschweig
Mittellandkanal
Bückeburg
Helmstedt
Hildesheim
Fischbeck
Marienburg
Wolfenbüttel
Salzgitter
Magdeburg
Hameln
Schwöbber
Hämelschenburg
Alfeld
Lamspringe
Bad Pyrmont
Weser
Goslar
Seesen
Amelungsborn
Bevern
Hahnenklee
Brocken
Holzminden
Altenau
Harz
Bad Grund
Clausthal-Zellerfeld
Brockenbahn
Fürstenberg
Solling
Osterode am Harz
Herzberg am Harz
Walkenried
Göttingen
Duderstadt
Bursfelde
Hemeln
Nordhausen
Hannoversch-Münden
Kassel
N
0 10 20 30 40 50 km

Wir sind die Niedersachsen

Als mich Eva Maria Buchholz, die Leiterin des Hinstorff Verlages, fragte, ob ich den einleitenden Essay zu dem Fotobuch von Karl Johaentges über Niedersachsen schreiben würde, habe ich gezögert. Ich bin kein gebürtiger Niedersachse. Mir fehlt die jahrhundertelange Verwurzelung der Familie in diesem Land. Mir fehlen die selbstverständlichen Urteile und Vorurteile, die durch die Generationen weitergegeben werden. Die auch Selbstkritik und Differenzierungen in der Betrachtung eines Landes möglich machen.

Andererseits: Ich habe über 70 Jahre meines Lebens in Niedersachsen verbracht. Ich habe die unterschiedlichsten Orte kennengelernt, wie man das sich aus dem Berufsleben eines Pfarrers vorstellen kann. Der »fremde Blick« ist auch eine wichtige Kategorie in der Beschreibung eines Landes. Zumal, wenn er mit Sympathie verbunden ist. Ich kann es mir nicht anders vorstellen, als weiterhin in Niedersachsen zu leben. Abwerbeversuchen, die mich in andere Gegenden Deutschlands versetzen wollten, habe ich – auch aus diesen Gründen – eine Absage erteilt.

Aber man darf von mir keine gesicherten Beurteilungen der Eigenart dieses oder jenes Landstrichs erwarten. Ich müsste erzählen können, wie ich Niedersachsen hier oder dort erlebt habe. Und nachdem man mir zugesichert hatte, dass man genau dieses, als Ergänzung zu den wunderbaren Aufnahmen meines Freundes Karl Johaentges, von mir erwarte, habe ich mich mit Freude an diese kleine Topographie Niedersachsens gemacht. So vieles und so Unterschiedliches kann man in diesem Land erleben!

Seite 6: Das um 1620 von Adriaen de Vries geschaffene Grabmal »Die Auferstehung Christi« im Mausoleum des Fürsten Ernst zu Holstein-Schaumburg in Stadthagen gilt als Meisterwerk des Manierismus.

1 Zwei sonore Schläge klangen von der Kirchturmuhr herüber, als wir auf den Wagen eines bäuerlichen Abholkommandos in das Dorf einfuhren. Es war der 15. Februar 1945. Die beiden Uhrenschläge dieser Nacht haben sich tief in meine Erinnerung eingegraben. Das Ende der langen Flucht war damit angekündigt. War es auch ein Willkommensgruß? Wir hatten nie darüber nachgedacht, wo unsere Flucht vor den russischen Panzern und Armeen enden würde. Gelandet waren wir in einem Dorf in der Nordheide. In einem Land, das ab dem 1. November 1946 Niedersachsen heißen würde.

Ramelsloh war damals ein Ort von etwa 400 Einwohnern. Durch die Ausgebombten aus Hamburg und den Strom der Flüchtlinge vergrößerte sich das Dorf um ein Mehrfaches. Die Hamburger verschwanden allmählich, die meisten der Anderen blieben. Als Heranwachsender erlebt man die Strukturen eines niedersächsischen Dorflebens sehr unmittelbar. Diffamierungen und Ausgrenzungsversuche schienen mir eher individuell bedingt zu sein. Selbst das Plattdeutsche war zumindest verstehbar oder blieb, bei den Älteren, eine Quelle humorvoller Missverständnisse. Integrationskräfte – Kirche, Schule, Vereine – setzten sich, meiner Erinnerung nach, fast mühelos durch.

Erst im späten Mittelalter, im Frankenreich, sind die nördlichen Teile Deutschlands, mit den selbstbewussten Stämmen Niedersachsens, in die Dynamik der europäischen Kulturbewegung und der damit verbundenen Christianisierung einbezogen worden. 845, beim Überfall der Wikinger auf Hamburg, flieht der dortige Bischof Ansgar nach Ramelsloh, baut dort eine Kirche und gründet ein Kanonikerstift. Eine große Ausstrahlung auf die Frömmigkeit des Dorfes scheint das Stift nie gehabt zu haben. Selbst die Erweckungsbewegung der »Hermannsburger« (Louis

Harms) kommt nur bis zum Nachbardorf. Die Kirche ist in den Gottesdiensten, wie wir das erleben, spärlich besetzt. Aber viele der Ostpreußen, Schlesier, Pommern sind – oft seit Generationen oder durch die Erlebnisse der Flucht – richtig fromm. Und sie wollen nicht einsehen, dass sie die Geschlechtertrennung in den Gottesdiensten, die sie hier erstmals erleben – links die Männer, rechts die Frauen –, einfach mitmachen sollen. Das Dorfklima, zumindest in der Kirche, verändert sich.

Obwohl ich in Königsberg schon ein Jahr zum Gymnasium gegangen war, ist in der neuen Heimat zunächst die Dorfschule wieder dran. Nachbarn erzählen meinen Eltern, sie hätten den ernsten, traurigen Zwölfjährigen in den Pausen immer allein, irgendwo abseits, stehen sehen. Verarbeitet habe ich ein Stück meiner Traumatisierung durch die Erlebnisse der Flucht wahrscheinlich erst beim stundenlangen, schweigenden Hinterherlaufen hinter dem pflügenden Nachbarbauern. Er lässt es einfach geschehen. Seine Geduld ist grenzenlos. Ganz im Dorf zu Hause werde ich, als die Ramelsloher entdecken, welch ein sportliches As – im Fußball, in der Leichtathletik – sie mit mir eingefangen haben. Es war vermutlich nur wenig übertrieben, wenn mir – Jahre später – erzählt wird, das »ganze Dorf« habe gelegentlich am Morgen an den Radioapparaten gesessen. »Uns' Hans macht die Andachten«. Die Integrationskraft der niedersächsischen Heidedörfer ist stark, und die Zugereisten gehören erstaunlich schnell dazu.

Der Blick weitet sich. In Bendestorf, 7 Kilometer um die Ecke, haben sich die Filmstudios der »Jungen Filmunion« eingenistet. 1950 wird »Die Sünderin« mit Hildegard Knef abgedreht. Natürlich sind wir – wenn es erlaubt wird – dabei. Das wachsende Kunstverständnis studiert die wunderbaren Buntglasfenster in der Ramelsloher Kirche von 1488. Die Lüneburger Herkunft der Glasmalerei und der Stifterfenster kommt nicht von ungefähr. Ich entdecke, dass diese ganze Gegend über Jahrhunderte hinweg partizipiert hat von dem Reichtum der alten Salzstadt Lüneburg. »Brot und Salz, Gott erhalt's« – Symbole tragen das Leben. Aus Zeiten stammt der Spruch zur Begrüßung der Neubürger, als das Salz so selten und teuer war, dass man es das »weiße Gold« nannte. Die Arbeit der Sülfmeister hatte Lüneburg zu einer mittelalterlichen Metropole gemacht. Als andere Salzgewinnungsarten aufkamen, wie das Meersalz, das billiger war, sank Lüneburg herab zu einer Provinzstadt. Aber die Zeichen einer großen Vergangenheit sind noch da.

Wenn sich eine Gelegenheit bietet, wandere ich gern durch die Lüneburger Altstadt. Die steile Kirche St. Nicolai lässt die Frage unbeantwortet, warum es gerade die Schiffer in diesem Hafenviertel sind, die so in die Höhe bauen. Raumgreifend beherrscht St. Johannis das Viertel

Lüneburg, St. Johannis (vorne) und St. Nicolai

um den Platz »Am Sande«. Riesig und leer ist St. Michaelis; ihre Kunstschätze sind weit verstreut. Mit der »Goldenen Tafel«, dem Hochaltar dieser Kirche, schmückt sich das Landesmuseum in Hannover. Die Klosterschule St. Michaelis, an der von 1700 bis 1703 Johann Sebastian Bach Schüler war, ist verschwunden. Als »Inkubationszeit eines Genies« bleiben diese wenigen Jahre eine wichtige Station in der Biographie des späteren Leipziger Thomaskantors. Im Rathaus tritt mir noch einmal in konzentrierter Form die kulturelle, politische und wirtschaftliche Blütezeit dieser Stadt entgegen. Die »Gerichtslinde«, die farbigen Glasfenster, die »Bürgermeisterkörkammer« und die »Große Ratsstube« mit den Arbeiten des Bildschnitzers Albert von Soest sind hinreißend.

Kurioserweise ist Lüneburg auch an der Entwicklung einer weiteren Touristenattraktion dieser Gegend beteiligt. Die »Lüneburger Sülzer« brauchten für ihre Arbeit Holz; bei großer Hitze wurde das Salz in der Bleipfanne aus der Sülze herausdestilliert. So wurden die Wälder rund um Lüneburg einfach abgeholzt. Genügsame Pflanzen wie Heide und Wacholder nahmen deren Platz ein, Schafzucht und Imkerei folgten auf dem Fuße. In das allgemeine Bewusstsein kam dieser neue Typus einer Heidelandschaft nur langsam. Noch 1814 schrieb die Goethefreundin Madame de Staël in ihrem Deutschlandbuch: »Ein wilder Volksstamm, Heidschnucken genannt, bewohnt die Lüneburger Heide.« Auch später fehlten dieser wunderbaren Gegend die großen Künstler, die diese Landschaft auf die Ebene der ästhetischen Anschauung heben. Hermann Löns ist zu schnell national vereinnahmt worden. Arno Schmidt hat seine eigene, nie allzu große Gemeinde.

Wie die Kunst eine Landschaft verändern kann, ist am deutlichsten im hohen Norden von Niedersachsen, in Worpswede bei Bremen, zu studieren. Die Worpsweder

Künstlergruppe vom Beginn des 20. Jahrhunderts hat ihre subjektive Erlebniskraft angesichts der kargen Landschaft von Heide und Moor eindrücklich und nahezu bleibend in die Erfahrung dieser Gegend eingetragen. Wer kann denn noch das Teufelsmoor ohne die Bilder von Fritz Mackensen und Otto Modersohn, die Menschen dort ohne den Blick der Paula Modersohn-Becker, den Weyerberg ohne die enthusiastische Prosa eines Rainer Maria Rilke erleben? Kunst und Natur verschmolzen in den Künstlerkolonien des 19. und 20.Jahrhunderts von Barbizon, Dachau, Worpswede, Nidden und vielen anderen zu einer differenzierten Einheit.

Vielleicht ist es aber auch der Vorteil der Begegnung mit der Lüneburger Heide, dass sie keine Bilder präfiguriert und der Besucher sich dieser bizarren Landschaft des Totengrundes und der Wilseder Heide sehr unmittelbar ausgesetzt sieht.

Als Jugendlicher bin ich nur selten in die Mitte der Lüneburger Heide um Wilsede und Egestorf gefahren. Obwohl das alles mit dem Fahrrad leicht erreichbar war. Die Faszination von Hamburg – in Harburg machte ich schließlich mein Abitur – stellte alles in den Schatten. Die Hamburger aber schauten, wenn es um Niedersachsen ging, eher westwärts. Zur Kirschblüte zogen ganze Heerscharen aus der Stadt in das »Alte Land«. Diese Obstlandschaft an den Elbdeichen mit den schmucken Dörfern und den Kirchen, deren barocke Orgelpracht (Arp Schnitger) erst langsam wiederentdeckt wurde, war zur Zeit der Frühjahrsblüte etwas Faszinierendes, das auch mich bewegte. Da strömte durch Jork und Steinkirchen und durch die anderen Orte ein Verkehr, dem man gerade zu Hause entronnen war. Vielleicht fiel es dem einen oder anderen dann doch ein, sich einmal das besinnliche Stade mit seinen beiden schönen Hauptkirchen anzuschauen. Auf Stades Zugehörigkeit zu Schweden im 17. und 18. Jahrhundert besinnt sich diese Stadt zunehmend. Ein Alleinstellungsmerkmal in Niedersachsen hat sie mit ihrer Schwedenzeit allemal.

2 Das musste sein. An seinem ersten Tag in Ostfriesland wurde der neue Vikar den Kirchenvorstehern vorgestellt. Von Hof zu Hof ging es, mein Ausbilder schritt voran. Ich hatte keinen Wunsch geäußert, in welcher Gegend Niedersachsens ich nach dem Ersten theologischen Examen meine praktische Ausbildung beginnen möchte. Ehe ich mich versah, war ich in Ostfriesland gelandet. Aurich-Oldendorf, ein kleines Dorf 15 Kilometer südlich von Aurich, war der Sitz einer ländlichen Superintendentur, die es heute nicht mehr gibt. Die ganzen Fehndörfer mit den langen Entwässerungsgräben entlang der endlosen Wiesen gehörten zum Aufgabenbereich meines Chefs. Ostgroßefehn und wie sie alle heißen.

Gemütvoll und gemütlich ging es zu in diesem Dorf. Die meisten Gespräche liefen auf Platt. Die Vorstellungsrunde an jenem ersten Nachmittag dauerte viele Stunden. Ohne 4 bis 5 »Kopkes Tee« ging es nirgends ab. Manchmal schwieg man auch eine Weile. Hektik kam nie auf. Ich hatte keine Ahnung, wie viel Tee ein Mensch vertragen kann. Am Ende des Tages hatte ich eine leichte Teevergiftung. Dem ostfriesischen Getränk habe ich dennoch bis heute die Treue gehalten.

Das lernte ich schnell: In Niedersachsen haben die Sachsen und die Friesen eine getrennte Entwicklung durchlaufen. Im sächsischen Stammgebiet wurde die Christianisierung zur Zeit Karls des Großen auch bestimmend für die territoriale Ordnung dieses Landes. Neu gegründete Bistümer gliederten die Landschaft, neue Herrscherfamilien wie die Welfen errangen dominante Positionen. In Ostfriesland erlangte das Herrscherhaus der Cirksena erst im 15. Jahrhundert eine zentrale Stellung. Bestimmend aber für das Bewusstsein der Ostfriesen wurde die »Friesische Freiheit«, die im beherzten Aufstand gegen weltliche und geistliche Herrschaft im Mittelalter die Selbstbestimmung des Landstrichs durchsetzte. »Der Stamm der Friesen ist frei, keinem anderen Herrn unterworfen.« Zusammengeschlossen waren die kleinen Bauernverbände in einer lockeren Vereinigung (»Upstalsboomverband«), festgehalten waren die Freiheiten im »Brokmerbrief«. Das Kloster Ihlow südlich von Aurich, in dem wahrscheinlich der Brokmerbrief aufbewahrt wurde und das nach der Reformation nahezu spurlos verschwand, ist in den Jahren 2005 bis 2009 in einer künstlerischen Imagination mit großem Einsatz wieder erstanden. Man sollte diesen denkwürdigen Ort unbedingt besuchen!

Klosterstätte Ihlow

Das Selbstbewusstsein der Ostfriesen, etwas Besonderes zu sein, hat also einen langen Atem. Aber es ist kein Hochmut, der einem da entgegentritt. Der hohe Himmel, der sich über dem Land wölbt und der das Herz weit macht, würde jede Arroganz sofort entlarven. Was mir schon in den ersten Tagen begegnet, ist ein klarer Sinn für die einfachen und weiterführenden Lösungen. Nur ein Beispiel: Das Superintendentenehepaar hatte fünf durchaus ansehnliche Mädchen, damals im Alter zwischen 14 und 19 Jahren, adoptiert. Da kommt ein unverheirateter Vikar ins Haus, der nur wenige Jahre älter ist und Zimmer an Zimmer mit der munteren Mädchenschar ein Jahr lang wohnt. Die wirksame Lösung ist so einfach. Die Mädchen sind gehalten, »Onkel Vikar« zu sagen. Das schafft die nötige Distanz, da gibt es keine Zweideutigkeiten und Tuscheleien.

Eine ferne Schulverwaltung in Hannover schickt Junglehrer in Mengen nach Ostfriesland. Zumeist kommen sie aus Städten, sind mit Grundschulkindern, die kein Wort Hochdeutsch können, völlig überfordert. Was tun gegen die Depression und Berufsverzweiflung? Einmal im Monat findet im Pfarrhaus von Aurich-Oldendorf ein ganzes Wochenende für Lehrer statt. Frisia non cantat? Das ist lächerlich. Das Pfarrerehepaar ist hochmusikalisch, sie treten sogar als Solisten auf. Von Samstagmittag bis Sonntagabend singt und musiziert das ganze Pfarrhaus mit 20 bis 30 Lehrerinnen und Lehrern. Zeit für Gespräche bleibt genug.

Der Leser wird es merken: Ich habe mich verliebt in diese Landschaft und in die Menschen. Die Geschlossenheit des Landstrichs imponiert mir. Bei späteren Besuchen in Aurich-Oldendorf erfahre ich sofort, was sich inzwischen in ganz Ostfriesland getan hat. Von Weltabgeschiedenheit und Rückständigkeit, die die »Ostfriesenwitze« suggerieren, keine Spur. Leidenschaftlich setzt sich mein Vikariatsleiter für die Berliner Gossner-Mission ein, die vor allem in Indien arbeitet. Indische Besucher beleben immer wieder das Bild des Dorfes. Bedächtig geht manches zu, aber der Schalk sitzt hinter den Ohren. In der Erfindung neuer Wörter sind die Ostfriesen Meister. An den Vornamen kann man das studieren. So sieht die kleine Liste aus, die ich mir von den Grabsteinen am Friedhof der Großen Kirche in Emden notiere: Engelina, Hero, Janna, Ebelina, Iskea, Alberdina, Moerje, Neefke, Kea, Fenna, Aafkea, Schoon, Reint, Tini, Gefkea, Frerkje. Man fühlt sich geradezu herausgefordert, neue Wortschöpfungen hinzuzufügen.

Mit Emden ist ein neues, wichtiges Stichwort gefallen. Ostfriesland hat eine Reihe interessanter Städte. Norden mit seinem weiträumigen Marktplatz, dem Renaissance-Rathaus und der riesigen Ludgeri-Kirche mit der Arp-Schnitger-Orgel. Eine Ort, der seine große Rolle als Seestadt im 16. Jahrhundert noch ahnen lässt. Aurich als ehemalige Residenz der Grafen und Fürsten Ostfrieslands, und Leer mit der »Waage« am Leda-Ufer und schönen Giebelhäusern des 17. und 18. Jahrhunderts. Aber sie alle werden in den Schatten gestellt von Emden. Emden ist nach meinem Eindruck die Stadt Ostfrieslands, die eine bedeutende Vergangenheit mit visionären Zukunftsblicken am geschicktesten zu verbinden weiß.

Zwischen 1540 und 1570 hatte Emden einen beispiellosen Aufstieg erlebt. Der Niederländisch-Spanische Krieg brachte Tausende von Flüchtlingen aus Holland, Brabant und Friesland in die Stadt. Die Einwohnerzahl wuchs in diesen Jahren von 3 000 bis auf 20 000. Nicht nur ihren calvinistischen Glauben brachten die Flüchtlinge mit, sondern auch ihren Reichtum, ihre Bildung, ihre geschäftlichen Beziehungen. Emden wurde zu einer Metropole der frühen Neuzeit. Der Engländer Christopher Marlowe, der 1589 als einer der Ersten »Faust« dramatisierte, ließ den Gelehrten seine Seele an den Teufel für die »signority of Emdhen« , für die Herrschaft Emdens, verkaufen. Deutliches Zeichen dieser gloriosen Zeit ist das wunderbare Rathaus, in dem das reichhaltige ostfriesische Landesmuseum klug untergebracht ist.

Dann zogen die Holländer ab, nachdem sie 1648 eine eigene Staatlichkeit zugesprochen bekamen. Die Stadt verlor rapide an Bedeutung, und die abgelegene Position forderte ihren Tribut. Bis zur nächsten Großstadt – Oldenburg – brauchte man über die Dörfer zweieinhalb Stunden, erinnern sich ältere Emdener. 1965 kommt VW in die Stadt, baut seine Produktion auf, fordert eine angemessene Verkehrsanbindung, die Autobahn wird gebaut, andere Industrien folgen. Im Zuge des Aufschwungs gerät vieles in Bewegung. Die zerstörte Große Kirche wird teilweise wiederaufgebaut, die renommierte »Johannes-a-Lasco-Bibliothek« zieht in sie ein. Und der »Stern«-Gründer Henri Nannen vermacht seine Kunstschätze seiner Heimatstadt und baut – mit viel öffentlicher Unterstützung – ein Museum, das immer einen Besuch lohnt.

Und dann sitze ich, 40 Jahre nach jenen Anfangsjahren in Ostfriesland, mit meiner Frau an einem Spätnachmittag bei Sonnenschein auf einer Bank im Alten Binnenhafen in Emden. »Schreyers Hoek« heißt die kleine Landzunge, die in den Hafen hineinragt. Die Segelschiffe haben hier in alten Zeiten angelegt. Unsere Nachbarn auf der Bank erklären uns alles. Die Offenheit und Freundlichkeit der Emdener begleitet uns ein ganzes Wochenende. Rechts am Binnenhafen die Cassens Werft, links das Thyssen Nordseewerk. »Das war unsere Werft«, sagen unsere Gesprächspartner stolz.

Unsere Gedanken schweifen weiter, die Ems hinauf, bis ins Emsland. Papenburg streifen sie, wo die riesigen Kreuzfahrtschiffe gebaut werden. Der Hümling kommt uns in den Sinn, in dem Kurfürst Clemens August im 18. Jahrhundert durch seinen Baumeister Johann Conrad Schlaun das schönste Rokoko-Ensemble von Schlössern

Schlossanlage Clemenswerth

bauen ließ, das es in Norddeutschland zu sehen gibt. Clemenswerth hat er sein Jagddomizil genannt. Ja, eine abwechslungsreiche Gegend ist das schon, dieser Nordwesten der Bundesrepublik.

Die Ostfriesischen Inseln gehören als Höhepunkt einer Ostfriesland-Reise natürlich unbedingt dazu: Borkum, Juist, Norderney, Baltrum, Langeoog, Spiekeroog und auch Wangerooge. Jeder und jede wird seine und ihre Lieblingsinsel darunter haben. Norderney habe ich schon früh und nur kurz kennengelernt. Die Zeit, die ich als Kurpastor auf Baltrum verbracht habe, hatte ich mir anders vorgestellt. Die Mixtur von Arbeit und Erholung, die ein solches Amt im Sinn hat, geriet – wahrscheinlich infolge meines beruflichen Ehrgeizes – zu einem ausgesprochenen Stress. Spiekeroog ist die Lieblingsinsel, vor allem die meiner Frau, geblieben. Nichts Hochgestochenes. Keine Autos. Herrliche, lange Strände. Groß genug ist die Insel, um lange wandern zu können. Erholung pur versprechen die Ostfriesischen Inseln. Wenn man denn die Zeit recht auszukosten weiß.

Spiekeroog

3 »Das viele Lesen hat uns eine gelehrte Barbarei zugezogen.« Das ist einer der berühmten Aphorismen des Universalgelehrten Georg Christoph Lichtenberg, den ich gerne zitiere. »Daß in den Kirchen gepredigt wird, macht deswegen die Blitzableiter auf ihnen nicht unnötig.« Die Nüchternheit und rationalistische Klarheit des Aufklärers entzückt mich immer wieder. Ein Vierteljahrhundert lang, von 1775 bis zu seinem Tod im Jahr 1799, hat der kleine, verhutzelte Mann in Göttingen gelehrt. Und so selbstverständlich es war, dass man als Mitglied des Adels oder der gehobenen Kreise im 18. und 19. Jahrhundert mindestens ein Semester hier studiert haben musste, so klar war es auch, dass man damals zu den Füßen von Lichtenberg in der Gotmarstraße 1 saß.

Südniedersachsen ist dominiert von Göttingen. Die Universität ist an diesem Ort ein und alles. Was aus dem kleinen Ackerbauerstädchen geworden wäre, wenn nicht Gerlach Adolf Freiherr von Münchhausen den damaligen Herrscher, König Georg II., bedrängt hätte, in seinem Stammland eine neue, moderne Universität zu gründen: Das mag man an vergleichbaren Städten in der Region wie Duderstadt oder Hannoversch-Münden studieren. 1737 wurde die Georgia Augusta feierlich eingeweiht.

Als Studentenseelsorger bin ich, frisch ordiniert, 1962 nach Göttingen gekommen. Ein Jahr später war ich Pfarrer der dortigen Mariengemeinde. Eine Stadt der ersten Liebe ist Göttingen für mich geworden. Beruflich: als Anfänger alles ausprobieren, was man sich von einer Gemeinde erträumte. Persönlich: Hier haben meine Frau und ich uns kennengelernt, sind in der Marienkirche getraut, ist unser Sohn geboren und getauft worden. Kein Professorenviertel war diese Innenstadtgemeinde. Als »Nachtjackenviertel« galt die Gegend an der Leine. So dicht wohnte man beieinander, so intensiv musste man eintauchen in die Probleme der Menschen. Die Studentenunruhen von 1968 standen vor der Tür.

Wenn ich heute Göttingen besuche, spüre ich die Distanz der Jahre. Wie klein sind die Straßen, wie eng ist alles! Immerhin, die beiden Hauptkirchen, St. Johannis und St. Jakobi, haben ihre alte Größe behalten. Das »Gänseliesel« vor dem Rathaus ist noch da, das die frischgekürten Doktoren küssen müssen. Auch das »Deutsche Theater« gibt es noch, in dem zu unserer Zeit Heinz Hilpert residierte, mit unvergesslichen Aufführungen von William Shakespeare und Gerhart Hauptmann. Vieles ist neu entstanden, die Universitätsgebäude an der Weender Landstraße oder die riesige Uni-Klinik oben auf den Hügeln vor Nikolausberg.

Borkum ist nicht nur die westlichste, sondern auch mit fast 31 Quadratkilometern die größte der Ostfriesischen Inseln. 1834 überwanden die ersten Urlauber die etwa 30 Kilometer vom Festland auf das bis dahin ferne Eiland, um 1900 war deren Zahl bereits gut fünfstellig. Heute suchen etwa 280000 Gäste jährlich hier Erholung. Wer genug Kraft getankt hat, kann sich auch an die 300 Stufen wagen, die der Neue Leuchtturm (Bild oben rechts) bereithält. Hat man sie bewältigt, bietet sich ein grandioser Ausblick auf die Insel, das Wattenmeer und die weite Nordsee.

traumhaft

Wer mehr die Ruhe liebt, der fährt nach Juist. Die Insel ist schmal – und lang. Über 17 Kilometer erstreckt sie sich, kommt aber nur auf eine Breite von höchstens 900 Metern. Gerade das, was fehlt, bewegt viele Urlauber, Juist zu besuchen: der Autoverkehr. Er ist hier bis auf wenige Ausnahmen untersagt. Stattdessen bewältigen ungefähr 50 Pferdekutschen den Güter- und Personenverkehr.

Seiten 22/23: Es wirkt wie die Kulisse für einen romantischen Film in Meeresnähe, das Fischerdorf Greetsiel: Kutter im Hafen, Giebelhäuser aus dem 17. Jahrhundert, malerische Gassen. Aber alles ist hier Wirklichkeit. Eine Wirklichkeit, die jedes Jahr zahlreiche Touristen anzieht und deren Urlaub etwas Verträumtes gibt.

CONDOR
GREETSIEL
ODYSSEUS
GREETSIEL

Zur Deichlandschaft an der Nordsee gehören die Schafe. Sie beleben jedoch nicht nur das Landschaftsbild, sondern sind Teil des Küstenschutzes. Dadurch, dass sie das Gras kurz halten und den Boden festtreten, tragen sie zur Festigkeit des Deiches bei. So auch am Pilsumer Leuchtturm (Bild oben), der schon lange seiner ursprünglichen Funktion beraubt ist – und trotzdem Kultstatus besitzt. War er doch u.a. Kulisse im Film »Otto – Der Außerfriesische«. Ähnliche Bekanntheit haben die Zwillingsmühlen von Greetsiel (rechts).

Seiten 26/27: Wind spielte an der Küste immer eine große Rolle. Und ist längst ein wirtschaftlicher, in die Zukunft weisender Faktor – etwa in Aurich, bei »Enercon«, einem der weltweit wichtigsten Hersteller von Windkraftanlagen.

0.1 ABUS
25t/25t

Q460

18,25 Quadratkilometer Gesamtfläche, die höchste Erhebung 24,1 Meter über dem Meeresspiegel, knapp 800 Einwohner, etwa 3500 Gästebetten. Zahlen … Doch die Insel Spiekeroog (oben) ist viel mehr, bietet Ruhe, Erholung, Natur - und, ungewöhnlich für eine deutsche Nordseeinsel, neben traditionsreichen Friesenhäusern auch einen großen alten Baumbestand.
Die Fischerei stellt immer noch einen wesentlichen Wirtschaftsfaktor an der niedersächsischen Nordseeküste dar (rechts in Neßmersiel).

Seiten 30/31: Zur Stadt wurde Wilhelmshaven - das Foto zeigt die Kaiser-Wilhelm-Brücke - durch die Marine. Die Preußen richteten hier Mitte des 19. Jahrhunderts ihren ersten Flottenstützpunkt an der Nordsee ein. Kein Wunder, dass auch heute noch die militärische Seefahrt das Leben in der Region wesentlich bestimmt. Nun ist es die Bundeswehr, die in Wilhelmshaven ihren größten Marinestützpunkt unterhält.

ACC 2

F209

THALES

Jever mit seinen gut 14000 Einwohnern bildet das Zentrum des Landkreises Friesland. 1536 erhielt der Ort die Stadtrechte - von der friesischen Häuptlingstochter Fräulein Maria. In den folgenden Jahrhunderten wechselten die Herrscher. Neben den Oldenburgern hatten auch Holländer, Russen und Franzosen hier das Sagen. Mittelpunkt der Region ist das Schloss mit seinem eher an südliche Gefilde erinnernden Zwiebelturm. Die Ursprünge der Anlage, die heute ein Museum beherbergt und zu der auch ein Schlossgarten gehört, gehen auf das 14. Jahrhundert zurück.

Inmitten der Friesischen Wehde (Wehde = Wald) liegt der sogenannte Neuenburger Urwald. Seit über 150 Jahren wird das 25 Hektar große Gebiet nicht mehr vom Menschen genutzt und kann sich so fast ungestört entwickeln. Ursprünglich diente der Wald der Hude, wurde als Weide für Pferde, Rinder und andere Haustiere genutzt. Imposante Eichen bestimmen das Landschaftsbild, die älteste bringt es auf etwa 800 Jahre. Da wirken die Hain- und Rotbuchen, die vereinzelt bis zu 400 Jahre alt sind, vergleichsweise jung.

Das Boßeln gilt als Nationalsport Ostfrieslands. Zwei Mannschaften treten gegeneinander an. Ziel ist es, eine Kugel mit möglichst wenigen Versuchen möglichst weit zu werfen. Bevorzugtes Spielfeld: befestigte Straßen. Nicht nur das Werfen ist eine Kunst, auch das Herstellen des Sportgeräts verlangt großes Können. Heinrich-Jürgen Eden in Mittegroßefehn nahe Aurich zählt zu denen, die Kugeln bestens zu drechseln wissen.

Seiten 36/37: Wo die Ems in die Nordsee mündet, liegt Emden, die größte Stadt Ostfrieslands. Der Seehafen prägt hier seit Jahrhunderten das Leben und hat mit dazu geführt, dass sich Unternehmen wie Volkswagen angesiedelt haben. Direkt am Rathaus, im Ratsdelft, liegen drei Museumsschiffe, darunter das 1915 gebaute Feuerschiff »Amrumbank« (rechts) und der 1963 in den Dienst gestellte Seenot-Rettungskreuzer »Georg Breusing«.

GEORG BREUSING
Museumskreuzer
HOTEL RESTAURANT

JEVER
MUSEUM + RESTAURANT
TERRASSENDECK
Schifffahrtsmuseum
Deut

»Das Meer an Leben« - so wirbt Emden für sich. Zum Leben gehört auch die Kultur - im Stadtbild, wie am Ratsdelft die Skulptur der »Jantje Vis«, 1986 von Karl-Ludwig Böke geschaffen (rechts). Oder im Museum, besonders in der Kunsthalle, die durch eine Stiftung des »Stern«-Gründers Henri Nannen und seiner Ehefrau Eske möglich wurde und seit 1986 Emden zu einem international ausstrahlenden Ort der Kunst gemacht hat. Die Sammlung reicht vom Expressionismus bis in die Gegenwart, hinzu kommt ein umfangreiches Programm mit Sonderausstellungen.

Leda und Ems – zwei Flüsse sind es, denen Leer seine Entstehung und Bedeutung wesentlich zu verdanken hatte. Die verkehrsgünstige Lage der Stadt, die als »Tor Ostfrieslands« gilt, machte sie früh zu einem Handels- und Wirtschaftszentrum. Diese Tradition hat sie sich bewahrt. Reedereien sind hier ansässig, der Einzelhandel blüht. Viele kleine Geschäfte haben sich in der Altstadt angesiedelt, die nicht nur deshalb zu den schönsten in Norddeutschland gehört.

WOLFF

Mehr als 500 Jahre ist er alt – der Gallimarkt in Leer. Längst hat er sich zum größten Volksfest in Ostfriesland entwickelt, zu dem im Oktober hunderttausende Besucher eilen. An seine Ursprünge erinnert jedoch vor allem der Galli-Viehmarkt. Ihn gab es bereits, als noch keiner an Karussells und Schießbuden dachte. Per Handschlag werden die Geschäfte abgeschlossen, wechselt Vieh seine Besitzer. An eine andere, für Leer und ganz Ostfriesland wichtige Tradition erinnert das Bünting Teemuseum in der Altstadt (unten rechts).

Seiten 44/45: Ein Schiff kommt übers Land. Diesen Eindruck kann man immer wieder gewinnen, wenn die in der Meyer Werft zu Papenburg gebauten Kreuzfahrtschiffe über die Ems Richtung Meer überführt werden.

Seiten 46/47: Ein Meer im Binnenland. Das Zwischenahner Meer, benannt nach der größten Gemeinde des Landkreises Ammerland, wird von mehreren Schiffen der »Weißen Flotte« befahren, die wichtige, am See gelegene Orte miteinander verbinden.

elebrity REFLEC

Zwischenahner
Meer

www.bad-zwischenahn-touristik.de
Bad Zw
NIKE
NIKE

OYC Oldenburg

Nur Hannover und Braunschweig haben mehr Einwohner. Oldenburg, gelegen an der Hunte (links unten Hafenansicht), ist mit gut 160 000 Einwohnern die drittgrößte Stadt Niedersachsens. Das Schloss (oben links) verweist auf die Vergangenheit Oldenburgs als Residenz der dortigen Herrscher. Schön, aber auch ungewöhnlich ist das 1888 seiner Funktion übergebene Rathaus (oben): Es entstand auf einem dreieckigen Grundriss.

Oldenburg ist auch eines der kulturellen Zentren Niedersachsens. Dies lässt sich bereits an seinen Museen ablesen. Direkt neben dem Stadtmuseum (oben links) zieht seit dem Jahr 2000 das Horst-Janssen-Museum Kunstliebhaber an. Gewidmet ist es dem zwar in Hamburg geborenen, aber in Oldenburg aufgewachsenen Künstler, der mit seinem Werk weltweit bekannt wurde (unten links und oben).

Seiten 52/53: Landwirtschaft spielt in Niedersachsen eine herausragende ökonomische Rolle. Mehr als die Hälfte der Landesfläche wird landwirtschaftlich genutzt, 140 000 Menschen arbeiten vor allem in Familienbetrieben. Eine Spezialität des Oldenburger Landes ist der Grünkohl.

Es gehört zu den beliebtesten Museen des Bundeslandes, das Museumsdorf Cloppenburg. Mehr als 50 Gebäude vom 16. Jahrhundert bis zum Anfang des 20. Jahrhunderts kann man in einem der ältesten Freilichtmuseen Deutschlands besichtigten – darunter auch die Bockwindmühle aus Essern, die ursprünglich 1638 errichtet worden war.

Oldtimerclub
verboten

Niedersachsen ist auch ein Land der Klöster. Zisterzienser errichteten im 13. Jahrhundert die Anlage in Hude, die beeindruckt, obwohl sie nur noch in Teilen erhalten ist. Infolge der Reformation wurde das Kloster 1536 aufgelöst. Mittlerweile ist das Zeugnis der Backsteingotik nach umfangreichen Restaurierungs- und Sicherungsmaßnahmen wieder zugänglich.

Das Artland, nördlich von Osnabrück gelegen, weist zahlreiche Zeugnisse bäuerlichen Reichtums und der Wohnkultur auf. So fasziniert der Vollerbenhof Meyer zu Bergfeld in Grothe durch seine Größe und Gestaltung. Errichtet wurde er in der ersten Hälfte des 18. Jahrhunderts.

Eine Stadt mit einem ungewöhnlichen Namen, die man auf dem Poggenpad (Poggen = Frösche) entdecken kann. Und die auch noch am kleinen Fluss Hase liegt ... tierisch - oder, neudeutsch gesprochen, tierisch schön. Denn Quakenbrück mit seinem in klassizistischem Stil errichteten Rathaus (oben) zählt zu den sehenswerten Kleinstädten in Norddeutschland. Über 100 Fachwerkhäuser - so in der Langen Straße (links) - tragen mit dazu bei, dass das Zentrum der Samtgemeinde Artland auch als »Rothenburg des Nordens« bezeichnet wird.

Seiten 60/61: »Bad Bentheim - Burgstadt mit Weitblick«. Mit dieser Charakterisierung wirbt der im äußersten Südwesten Niedersachsens liegende Kurort für sich. Tatsächlich prägt die über der Stadt liegende Burg ihr Umfeld - und von ihr hat man einen trefflichen Rundumblick auf die Region, die sich unweit der Grenze zu den Niederlanden befindet. Die Festungsanlage kann auf eine fast ein Jahrtausend währende Geschichte zurückblicken.

LEG
XXII
PR

Wenn eine vermeintliche Übermacht eine Schlacht verliert, dann ranken sich schnell Mythen um die Sieger. So auch um Arminius (Hermann) den Cherusker, unter dessen Führung im Jahre 9 n. Chr. die Römer besiegt wurden, deren Expansionsdrang in germanische Lande damit einen deutlichen Dämpfer erhielt. Als ein möglicher Ort der Varusschlacht – benannt nach dem damaligen römischen Statthalter – gilt Kalkriese im Osnabrücker Land. Dort entstand ein großes Museum, das sich der Thematik ausführlich widmet. Markant ist der 40 Meter hohe Aussichtsturm (links oben), von dem man auf das vermutete Schlachtfeld blicken kann.

Seiten 64/65: 1648. Ein Jahr, in dem Osnabrück Geschichte schrieb. Die Stadt im Südosten Niedersachsens und das nahe Münster waren Orte, in denen eine der längsten gewalttätigen Auseinandersetzungen der europäischen Geschichte durch Verhandlungen und den Westfälischen Frieden beendet wurde: der Dreißigjährige Krieg. Zu diesem Zeitpunkt lag ein anderes wichtiges Datum für Osnabrück bereits über 850 Jahre zurück: 780 gründete Karl der Große hier einen Bischofssitz, dessen Mittelpunkt auch heute noch der Dom St. Petrus ist.

Information
Wallenhorst
Belm
9,8 km
8,5 km
Schinkel
Gartlage
3,7 km
2,0 km
Sonnenhügel
Altstadtbahnhof
1,8 km
0,5 km
Bahnhof
1,3 km

Der Marktplatz gehört zu den beliebtesten Orten der Osnabrücker. Das Rathaus (siehe Seiten 68/69, oben Mitte), historische Giebelhäuser und die Marienkirche bieten eine treffliche Kulisse für Veranstaltungen und die auch abends geöffneten Cafés und Restaurants.

Das Heger Tor, auch ein geschichtsträchtiger Ort. Wer jedoch den überkommenen Teil einer Wehranlage vermutet, täuscht sich. Das Tor wurde 1817 gestiftet, von Gerhard Friedrich von Gülich – und erinnert an die Osnabrücker, die in der Schlacht von Waterloo zwei Jahre zuvor gegen Napoleon gekämpft hatten.

Osnabrück lebt. Und dies nicht nur in historischen Mauern (oben links Taufe im Dom), sondern auch in modernen Bauten. Einer der markantesten ist das Felix-Nussbaum-Haus, Teil des Museumsareals (unten links). Es erinnert an Leben und Werk des 1904 in Osnabrück geborenen und 1944 in Auschwitz ermordeten Malers Felix Nussbaum. Entworfen wurden das 1998 eröffnete Museum und sein 2011 vollendeter Erweiterungsbau von Daniel Libeskind. Die Skulptur des Steckenpferdreiters (rechts) steht für eine mittlerweile über 60 Jahre währende Tradition. Viertklässler der Osnabrücker Schulen reiten jeweils im Oktober auf derartigen Pferden durch die Stadt – in Erinnerung an Kinder, die dies zu Zeiten des Westfälischen Friedens getan haben sollen.

Seiten 70/71: Auch wenn in Gesmold das Wasserschloss und besonders Teile des Gartens ein barockes Gesicht zeigen, liegen deren Ursprünge im 12. Jahrhundert. Um 1170 entstand ein von Wassergräben umgebener Bergfried als Wohn- und Fliehturm. Knapp 400 Jahre später wurde ein zweiflügeliges Renaissanceschloss errichtet. Ab 1725 begann die barocke Umgestaltung der Anlage, zu der auch ein zwei Kilometer entferntes Jagdschlösschen gehört.

Oft sind sie mittlerweile Naturschutzgebiete, die in vielen Regionen Niedersachsens noch vorzufindenden Moore. So auch das Diepholzer Moor im südwestlichen Niedersachsen (oben), in dem nicht mehr abgetorft werden darf. Unweit dieses Gebiets, das auch Kranichen bei ihren Zügen als Zwischenstation dient, liegt das Campemoor (links), in dem mehrere tausend Jahre alte Pfahlwege durch Archäologen ergraben werden konnten.

Seiten 74/75: 1163 von den Zisterziensern gegründet, ist Kloster Loccum nicht nur wegen seiner langen Geschichte, der Architektur und seiner Bibliothek bekannt, sondern auch wegen der benachbarten Evangelischen Akademie. Sie veranstaltet seit vielen Jahrzehnten Tagungen zu grundsätzlichen gesellschaftlichen Themen – und dies auch für Kinder und Jugendliche. Auf dem Foto ist das Refektorium des Klosters zu sehen.

VG
ERNSTGRAVEZVHOLSTAINSCHA
WENBVRCKVNDSTE
Schloss

Auf Schloss Bückeburg (auf den Seiten 76/77 das äußere Schlossportal), Sitz des Fürstenhauses Schaumburg-Lippe und von der Familie noch heute bewohnt, werden viele Veranstaltungen durchgeführt - so der »Weihnachtszauber«, Antik-Märkte oder die Barocktage (oben). Auch die Fürstliche Hofreitschule, die auf der in großen Teilen zugänglichen Schlossanlage beheimatet ist, stellt einen Anziehungspunkt für zahlreiche Besucher dar.

Seiten 80/81: Einer der berühmtesten Kurorte Deutschlands ist Bad Pyrmont im Weserbergland. Das Niedersächsische Staatsbad gründet seinen Ruhm auf die Quellen, die aus der Erde des Pyrmonter Tals sprudeln. Die Hauptquelle, der Hyllige Born, ist seit 1924 von einem säulengetragenen Kuppelbau überwölbt.

DEF

YLLIGE BORN

Stift Fischbeck nahe Hameln: Bis in die Gegenwart und damit auch über die Reformation hinaus ist die 955 gegründete Anlage Damenstift geblieben. Heilpflanzen und Kräuter wachsen im zugehörigen Garten. Den geistlichen und architektonischen Mittelpunkt bildet die Kirche, die auf das 12. Jahrhundert zurückgeht. Neben den romanischen Ursprüngen prägen barocke Ausgestaltungen und Hinzufügungen einer Restaurierung von 1904 den Innenraum (rechte Seite).

Seiten 84/85: Die Weserrenaissance ist zu einem eigenständigen Begriff in der Kunstgeschichte geworden. Ein Grund dafür, dass sich viele der vor dem Dreißigjährigen Krieg errichteten Bauten erhalten haben und nicht barock überformt wurden, ist in der wirtschaftlichen Schwäche zu suchen, die auch noch lange nach dem Westfälischen Frieden 1648 die Region prägte. Ein sehr schönes Beispiel der Weserrenaissance stellt das zwischen 1588 und 1613 errichtete Wasserschloss Hämelschenburg südlich von Hameln dar.

Seiten 86 bis 89: Nicht nur die beeindruckenden Bauten der Weserrenaissance lassen Ausflüge ins Weserbergland besonders erstrebenswert erscheinen. Auch die Natur an und im Umfeld des Flusses, die kleinen Orte und Städte, Wanderwege und zuweilen grandiose Ausblicke machen das Grenzgebiet zwischen Niedersachsen, Nordrhein-Westfalen und Hessen zu einem schönen Erholungsraum. Selbst die Fähre in Hemeln (oben) passt sich ins romantische Landschaftsbild ein. Zu den Sehenswürdigkeiten der Region zählt auch Schloss Fürstenberg. Hier werden aktuelle Produkte der gleichnamigen Porzellanmanufaktur präsentiert, das Museum zeigt besonders sehenswerte Stücke aus der Sammlung und erzählt die Geschichte der Marke (links unten).

Kloster Bursfelde, nahe Hannoversch-Münden an der Weser gelegen, ist mehr als eine architektonische Sehenswürdigkeit, ist mehr als eine romanische Basilika, ist mehr als eine Anlage mit langer Historie. Denn auch heute findet hier geistliches Leben statt, nun unter der Ägide der evangelischen Kirche und der Klosterkammer Hannover.

Erst in Hannoversch-Münden entsteht die Weser - durch den Zusammenfluss von Fulda und Werra. Der Ort zähle zu den »sieben schönst gelegenen Städte[n] der Welt«, zitiert das zuständige Tourismusamt gern eine Alexander von Humboldt zugeschriebene Charakterisierung. Und der muss es ja gewusst haben.

Die Innenstadt von Hannoversch-Münden zeigt Fachwerkbau neben Fachwerkbau (rechts) – über 700 kann zählen, wer will. Inmitten dieser sehenswerten Ansammlung steht das Rathaus (oben). Zwischen 1603 und 1608 errichtet, verkörpert es die Epoche vor dem Dreißigjährigen Krieg, als es der Region wirtschaftlich besonders gut ging und zahlreiche Zeugnisse der Weserrenaissance entstanden.

Seiten 94/95: Auch Göttingen – hier die Innenstadt mit St. Johannis und Altem Rathaus in ihrem Zentrum – hatte unter den Nachwirkungen des Dreißigjährigen Krieges zu leiden. In der Folgezeit sollte sich jedoch zeigen, wie sehr die Investition in Bildungseinrichtungen helfen kann, Krisen zu bewältigen. 1734/37 wurde die Georg-August-Universität gegründet – und schon bald entwickelte sich Göttingen zum Anziehungspunkt für Lehrende und Lernwillige, setzte der wirtschaftliche Aufschwung ein.

Kaufhaus

Das Deutsche Theater Göttingen (oben) ist einer der kulturellen Mittelpunkte der Stadt. 1890 wurde die heutige Spielstätte erbaut, in der Nähe des Königlichen Gymnasiums (heute Max-Planck-Gymnasium). Für manche damals eine gewagte Nachbarschaft, befürchtete man doch den Sittenverfall der Schüler angesichts der »Vergnügungsstätte«. Eine Angst, die den rational denkenden Carl Friedrich Gauß (1777–1855) vermutlich nicht bewegt hätte. Er widmete sich über 50 Jahre in Göttingen der Mathematik, Physik und Astronomie, wurde zu einem der anerkanntesten Wissenschaftler seiner Zeit. Am Wall erinnert ein Denkmal an ihn und Wilhelm Weber (1804–1891), mit dem er nicht nur befreundet war, sondern auch die erste elektromagnetische Telegraphenverbindung entwickelte.

CARL FRIEDRICH GAUSS
UND
WILHELM WEBER

Das größte niedersächsische Schloss in Fachwerkbauweise steht in Herzberg am Harz (oben). Es gehörte den Welfen und machte den kleinen Ort zur Residenzstadt.
Auch Duderstadt (Seite 99) – hier die Marktstraße mit St. Cyriak, der Mariensäule und dem Rathaus (rechts) – wirbt zurecht mit seinem Fachwerk-Antlitz.

Seiten 100/101: Im äußersten Südosten von Niedersachsen, direkt an der Landesgrenze zu Thüringen, liegt Kloster Walkenried – und doch ist es ein geistliches und kulturelles Zentrum des Bundeslandes. Veranstaltungen wie die Kreuzgangkonzerte, der Klostermarkt und Gottesdienste beleben die teilweise erhaltene Anlage, die zudem ein großes, modern gestaltetes Zisterziensermuseum beherbergt und seit 2010 – zusammen mit der Oberharzer Wasserwirtschaft – zum UNESCO-Welterbe zählt.

Im Harz trifft viel aufeinander. Da gibt es die - heute gern gesehenen - Hexen, die ohne Gefahr für ihr Leib und Leben in der Walpurgisnacht in den Mai tanzen (oben). Da findet sich die Grube Samson in Andreasberg, in der man nachvollziehen kann, was Bergbau im 18. und 19. Jahrhundert bedeutete und wozu man ein Wasserrad mit 12 Metern Durchmesser benötigte (rechts oben). Und man kann himmlischen Höhen nahe kommen - und dies in einer Stabkirche. Ein Erlebnis, für das nicht nach Norwegen gefahren werden muss, sondern nur nach Hahnenklee (rechts unten und folgende Seite).

Dem bei der hannoverschen Landeskirche tätigen Baurat Karl Mohrmann ist es zu verdanken, dass der Harz seine Stabkirche erhielt. Mohrmann schien die Holzbauweise am besten zur Mittelgebirgslandschaft zu passen – und so entwarf er den Sakralbau, der im Sommer 1908 eingeweiht wurde. Im Gegensatz zu ihren nordeuropäischen Verwandten ist der Glockenturm in Hahnenklee direkt mit dem Kirchenschiff verbunden.

Der Klimawandel sorgt mittlerweile oft für schneearme Winter. Neben den Alpen und dem Bayerischen Wald zählt der Harz jedoch noch zu den vergleichsweise schneesicheren Gebieten. Von Niedersachsen aus sind auch die Teile des Mittelgebirges gut zu erreichen, die in Sachsen-Anhalt und Thüringen liegen – einschließlich der Brockenbahn (Seiten 106/107). Die Grenze, die einst die Region teilte, ist längst verschwunden.

Ein UNESCO-Welterbe der besonders ungewöhnlichen Art: das Oberharzer Wasserregal (auch Oberharzer Wasserwirtschaft genannt) – ein System zur Energieversorgung aus vorindustrieller Zeit (links). Die ohnehin für Neuerungen offenen Zisterzienser-Mönche waren es, die vor gut 800 Jahren damit begannen, den Harz mit künstlichen Wasserläufen und Teichen zu versehen und so das wertvolle Nass umzuleiten. Mit der Wasserkraft gelang es, den Bergbau in der Region zu forcieren.
In Bad Grund dient das Berginnere der Gesundung (oben). Im 100 Meter tief liegenden Heilstollen kann die Lunge von sonstigen Belastungen freie Luft einatmen – ohne Pollen und Feinstaub.

Allein schon der Blick auf die Kaiserpfalz (links und Seite 113 unten rechts) macht deutlich, welche Bedeutung Goslar für die deutsche Historie hat. Reichsversammlungen und Hoftage wurden hier abgehalten, zwischen 1050 und 1250 weilten Kaiser, Könige, Herzöge und auch ein Papst am Ort, machten Politik, die große Teile Europas betraf. Danach verfiel die Anlage. Erst die Betonung nationaler Werte in der wilhelminischen Ära sorgte dafür, dass nicht nur restauriert, sondern auch im damaligen Sinne Geschichte interpretiert wurde. So vor allem in den Gemälden des »Reichssaals«, in denen Hermann Wislicenus das Heilige Römische Reich Deutscher Nation monumental beschwor.
Nicht nur wegen der Kaiserpfalz ist Goslar ein Touristenmagnet. Die historische Altstadt (oben) zählt zu den schönsten in Niedersachsen. Das Rathaus mit dem spätgotischen Huldigungssaal und seinen Tafelmalereien (Seiten 112/113 oben Mitte), die Marktkirche mit der Renaissance-Kanzel (Seite 112 unten links und Seite 113 oben rechts), das Hotel Kaiserworth mit seinem skulpturalen Schmuck einschließlich dem leicht obszönen Dukatenmännchen (Seite 112 oben links) - die Altstadt von Goslar wurde zurecht als UNESCO-Welterbe ausgezeichnet. Aber nicht nur die Altstadt …

Seine Macher bezeichnen das Sehusa Fest in Seesen als das größte Historienfest Norddeutschlands. Und tatsächlich: Jedes Jahr im September verkleiden sich mehr als 1000 Bürgerinnen und Bürger der Stadt am nordwestlichen Rand des Harz und stellen Szenen aus der Vergangenheit der Region nach – sehr zur Freude tausender Besucher.

Ein weiteres UNESCO-Welterbe: das Fagus-Werk in Alfeld südwestlich von Hildesheim. Bereits 1911 zeigte der spätere Gründer des Bauhauses, Walter Gropius, wie er die Architektur bald verändern sollte. Seine Stahl-Glas-Konstruktion besticht auch noch über 100 Jahre nach ihrer Erbauung durch Leichtigkeit und Transparenz. In diesem architektonischen Meisterwerk werden seit seiner Vollendung vor allem Schuhleisten produziert. Trotzdem kann die Anlage besichtigt werden.

Seiten 120/121: 872 wurde das Kloster Lamspringe erstmals urkundlich erwähnt, Benediktinerinnen gingen hier ihrem Glauben nach. Zugleich entwickelte die geistliche Einrichtung – wie bei vielen Klöstern im Land – eine starke wirtschaftliche Kraft, die auf die Region ausstrahlte, Menschen anzog, ihnen Brot und Arbeit gab. Den Mittelpunkt der Anlage stellt die Klosterkirche St. Hadrian und Dionysius dar. Erbaut in der zweiten Hälfte des 17. Jahrhunderts, gehört ihre Ausstattung zu den wichtigsten Zeugnissen barocker Formgestaltung in Niedersachsen. Im einstigen Klostergarten weisen moderne Skulpturen darauf hin, dass Lamspringe bis heute ein Ort der Kunst ist. Dies besonders während des »Lamspringer Septembers«, bei dem alljährlich Künstler von Jörg Knör bis Gunther Emmerlich, vom Pasadena Roof Orchestra bis zum Tölzer Knabenchor, von Solisten der Berliner Philharmoniker bis zu Günter Lamprecht auftreten.

Niedersachsen – Kulturlandschaft. Auch die Kirchen in Hildesheim machen diesen Zusammenhang auf grandiose Weise spürbar: St. Michaelis, der Dom St. Mariä Himmelfahrt und St. Godehard (Bild links, von unten nach oben).
Wer sich St. Godehard nähert und das Innere betritt, erlebt Hochromanik in fast unveränderter Gestalt (oben). Denn die Kirche hat alle Irrungen und Wirrungen überstanden, die seit ihrer Errichtung im späten 12. Jahrhundert über das Land kamen. Selbst die Bombardements im Zweiten Weltkrieg, welche die Stadt 1945 schwer trafen, führten nur zu leichten Schäden an dem Sakralbau.

Die romanischen Kirchen von Hildesheim sind nicht nur von außen eine Augenweide. Auch in ihrem Inneren bergen sie faszinierende Kunstwerke in vorzüglicher Architektur. So die Radleuchter, wie der in St. Godehard (oben) und der im Langschiff des Doms (rechts oben). Letzterer und die Kirche St. Michaelis tragen mit dazu bei, dass der Südosten von Niedersachsen zu den Regionen auf unserem Globus gehört, in denen eine besonders große Dichte an Welterbestätten zu finden ist. 1985 setzte die UNESCO die beiden Sakralbauten auf die entsprechende Liste. Mit Recht. Denn sie zeigen nicht nur romanische Baukunst in Perfektion, sondern weisen zudem jene einmaligen Ausstattungsstücke auf, die von Kunsthistorikern auch unter dem Begriff »Bernwardinische Kunst« zusammengefasst werden; entstanden sie - darunter auch die im Dom aufgestellte Christussäule (rechts unten) - doch in der Zeit um die erste nachchristliche Jahrtausendwende, als Bischof Bernward das geistliche Leben in Hildesheim bestimmte.

Der Raum Salzgitter zählt zu den großen Industriezentren Niedersachsens. VW produziert hier Motoren, Alstom Züge. Und in Peine wie auch Salzgitter wird seit Jahrzehnten Stahl erzeugt. Die Anlagen in Salzgitter können besichtigt, der Prozess der Stahlherstellung vom Roheisen bis zu den Produkten, die in den Walzwerken entstehen, kann hautnah erlebt werden.

Seiten 128/129: Auch eine Bibliothek kann den Namen einer Stadt in die Welt tragen – so den Wolfenbüttels. Vor allem Herzog August d. J. (1579–1666) ist es zu verdanken, dass im Osten des heutigen Niedersachsens eine der berühmtesten Bibliotheken des Erdballs entstand. August liebte Bücher. 135 000 Titel umfasste seine Sammlung, die zu einem wesentlichen Bestandteil der nach ihm benannten Einrichtung wurde.

Zu den großen Sehenswürdigkeiten in Wolfenbüttel zählt ebenfalls das Schloss (links). Hier residierten einst die Welfen. Die vieleckige, heute ein Museum beheimatende Anlage zeigt ein barockes Gesicht, dahinter verbergen sich jedoch Gebäudeteile aus mehreren Bauphasen mit unterschiedlichen Stilen. Auch Helmstedt bietet bauliche Meisterwerke, so das Juleum Novum (oben), das von 1592 bis 1597 im Stil der Spätrenaissance entstand und Zentrum einer Einrichtung war, die heute gemeinhin nicht mehr mit der Stadt verbunden wird. Spielte Helmstedt doch in den letzten Jahrzehnten eher durch seine Lage direkt an der Grenze zur DDR eine bedeutende Rolle. Das Juleum war das Hauptgebäude der Universität. Seit 1576 zog es Lehrende und Studenten hierher. Erst Jérôme Bonaparte – jüngster Bruder Napoleons und seinerzeit König von Westfalen – beendete den Lehrbetrieb und förderte lieber die Alma Mater in Göttingen.

Seiten 132/133: Knapp 250 000 Einwohner machen Braunschweig nach Hannover zur zweitgrößten Stadt Niedersachsens. Die Welfen prägten hier über Jahrhunderte das Leben, ihr berühmtester Spross, Heinrich der Löwe, machte den an der Oker gelegenen Ort im 12. Jahrhundert zu seiner Residenzstadt. Daran erinnert bis heute unter anderem das Löwen-Standbild auf dem Burgplatz, dessen Replikat selbst während des Weihnachtsmarktes aus dem Getümmel der Buden herausragt und als erste monumentale Freifigur nördlich der Alpen gilt (um 1166).

Im Mittelalter entwickelte sich der Braunschweiger Altstadtmarkt (oben rechts) zum Zentrum der Stadt. Und auch heute noch wird hier Handel betrieben, immer im Angesicht der Martinikirche und des Alten Zoll- und Landwehrhauses. Weitere dominierende historische Gebäude sind der Dom St. Blasii, um den sich vor Weihnachten die beleuchteten Buden gruppieren (unten rechts; siehe auch die Seiten 132/133). In der Bischofskirche liegt seit 1195 Heinrich der Löwe begraben. Bewegter ist die - jüngere - Geschichte des Residenzschlosses (oben), das im Zweiten Weltkrieg stark beschädigt, danach als nicht mehr erhaltenswert erachtet und 1960 gänzlich abgerissen wurde. Eine fragwürdige Entscheidung, die später rückgängig gemacht wurde: 2006 rekonstruierte man - so die Stadt auf ihrer Internetseite - »die Hauptfassade samt Schlossvolumen« unter Einbeziehung von über 600 Originalteilen. Dominiert wird das Gelände von den »Schloss-Arkaden«, ein Name, hinter dem sich ein Einkaufstempel verbirgt.

Seiten 136/137: Was wie ein ländliches Idyll wirkt, findet sich inmitten von Braunschweig. Um die Innenstadt zieht sich ein Grüngürtel, zu dem auch die Ufer der Oker gehören. Am Fluss liegen Restaurants, stattliche Villen, finden sich malerische Winkel - und Bootsverleiher. Der Braunschweiger muss nicht weit fahren, um Erholung in der Natur zu erleben.

Bootsstation am Kennedyplatz

Braunschweig macht Musik und bestimmt auch noch die Zeit … Musiker bekommen leuchtende Augen, wenn sie das Wort »Schimmel« hören. Denn die Flügel und Klaviere der Wilhelm-Schimmel-Pianofortefabrik zählen zu den anerkanntesten weltweit. Auch die Grotrian-Steinweg Pianofortefabrik trug zum Ruhm Braunschweigs als Stadt der Musikinstrumentenbauer bei. Heinrich Steinweg, einer der Firmengründer, emigrierte in die USA und nannte sich und seine in New York gefertigten Produkte fortan Steinway.

Ein Schwerpunkt der Arbeit der Physikalisch-Technischen Bundesanstalt hingegen ist die Zeit. In Form einer Atomuhr (oben), die allen anderen Uhren in deutschen Landen sagt, welche Stunde es geschlagen hat.

Seiten 140 bis 143: Keine deutsche Stadt ist so eng mit einem Unternehmen verbunden wie Wolfsburg. Ohne Volkswagen gäbe es hier kein Industriezentrum. Es waren die Nationalsozialisten, die nicht nur das Autowerk gründeten, sondern auch gleich die Stadt dazu. U.a. das Stadtarchiv und die ihm angeschlossene Geschichtswerkstatt stellen sich dieser Vergangenheit. Auch nach dem Krieg entwickelte sich Wolfsburg weiter. Hier entstanden VW Käfer in Millionen, wird heute u.a. das Nachfolgemodell Golf produziert (Seiten 142/143 der Besucher-Bus bei der Werksbesichtigung). Wolfsburg bietet fast so viele Arbeitsplätze (ca. 120 000) wie es Einwohner hat. Seit dem Jahr 2000 zählt die »Autostadt« zu den großen Sehenswürdigkeiten (Seiten 140/141). Auf dem futuristisch anmutenden Gelände befinden sich Ausstellungen zur Geschichte des Automobils, können Kunden ihre neuen fahrbaren Untersätze abholen, sind diverse Restaurants beherbergt, werden Veranstaltungen durchgeführt.

HRE
ADT
15

HRE

B
12

102
OP 50
ACHTUNG!

Wolfsburg ist längst mehr als ein Synonym für Autoproduktion. Innerhalb weniger Jahre hat sich das 1994 eröffnete Kunstmuseum einen herausragenden Ruf erarbeitet – und dies mit zeitgenössischer Kunst, wobei ausdrücklich traditionelle und neue Medien eine gleiche Gewichtung erhalten. Werke von James Turrell, Neo Rauch und Frank Stella waren hier schon zu sehen. Erwin Wurm faszinierte mit seinen innovativen Skulpturen. Auch Jeppe Hein begeisterte mit seinen Installationen (oben Mitte) nicht nur den Fotografen dieses Buches – oben rechts ist er auf einem der »Werkzeuge der Kommunikation« (so Hein) festgehalten. Eine Ausstellung, die »This Way« betitelt war und die zuweilen auch eine Verbindung zu einer anderen neuen Kultureinrichtung Wolfsburgs herzustellen schien: dem 2005 fertiggestellten phæno, das sich in über 300 Experimentierstationen den Naturwissenschaften und der Technik widmet.

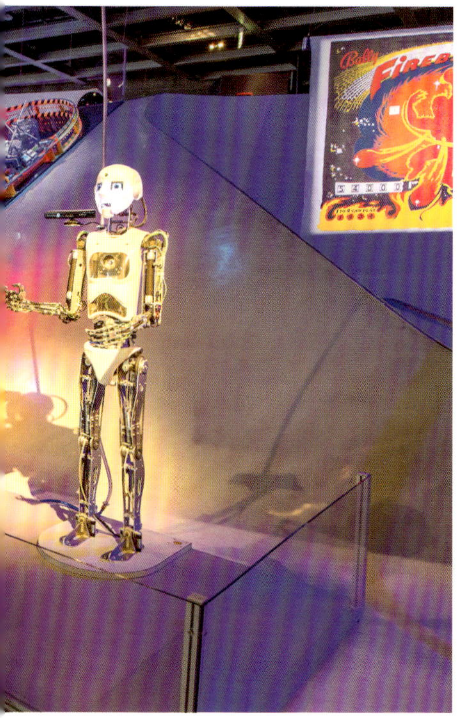

Seiten 146/147: Hannover lag schon in seinen frühen Zeiten zentral. Fernhandelswege, die von West nach Ost und Nord gen Süd führten, kreuzten sich an dem Ort, der sich bald von einem Marktflecken zu einer Siedlung entwickelte und dem 1241 der welfische Herzog mit dem schönen Namen Otto das Kind das Stadtprivileg erteilte. Gut 400 Jahre später war es die Frau eines Herzogs, welche die Stadt zu einem Zentrum der europäischen Gartenkunst machte: Sophie, ihres Zeichens Kurfürstin von Hannover und bekannt auch als Sophie von der Pfalz. Sie ließ den Großen Garten in barockem Stil anlegen, Mittelpunkt jener Herrenhäuser Anlagen, die noch heute ein grandioses Schauspiel (geformter) Natur darstellen.

Hannover bietet Überraschendes. So auch den jüngsten Schlossbau Deutschlands (links). 2013 wurde er in Herrenhausen eröffnet – respektive wiedereröffnet. Denn die ehemalige Sommerresidenz der Welfen war im Zweiten Weltkrieg zerstört worden. Rund 70 Jahre später ging man an den Wiederaufbau, der zwar stark an der alten Anlage orientiert war, aber zugleich – etwa in Form eines unterirdischen Vortragssaals – den Ansprüchen eines modernen Tagungszentrums gerecht werden sollte. Jedoch nicht nur beim Schloss trifft man auf die Welfen. Schon auf dem Bahnhofsvorplatz begegnet der Ankommende einem der späten Vertreter des Herrschergeschlechts – in Form eines 1861 geschaffenen Reiterstandbilds (oben). König Ernst August regierte von 1837 bis 1851. Sein Geburtsort London und der von ihm auch getragene Titel Herzog von Cumberland verdeutlichen die engen Beziehungen Hannovers zum englischen Königreich, die 123 Jahre in Personalunion geführt wurden.

Seiten 150/151: Selbst wenn Hannover zu den Städten in Deutschland gehörte, die im Zweiten Weltkrieg besonders stark zerstört wurden, kann im Bereich der Burg- und Kramerstraße und am Holzmarkt noch nacherlebt werden, wie es früher einmal ausgesehen haben muss. Einige der in diesem Umfeld stehenden Häuser wurden von anderen Standorten hierher verpflanzt, um ein lückenloses Bild zu schaffen. Auch die über die Altstadt herausragende Marktkirche musste nach 1945 wiederaufgebaut werden.

ZONE

Hannover ist lebendig, vielfältig, das Gegenteil von verstaubt. Sei es am Maschsee (oben), der nah am Stadtzentrum liegt und der Metropole eine große Weite gibt. Oder sei es selbst bei Industriebauten wie beim Heizkraftwerk Linden, dessen Türme – vom Volksmund die »drei warmen Brüder« getauft – seit dem Sommer des Jahres 2013 nachts angestrahlt werden und zu glühen scheinen.

Die Stiftskirche in Wunstorf unweit von Hannover gehört zu den beeindruckenden Sakralbauten des Landes. In ihrer heutigen Form entstand sie ab der 2. Hälfte des 12. Jahrhunderts und stellt somit ein bedeutendes Zeugnis spätromanischer Baukunst dar. Markant ist nicht nur der rechteckige Westturm, sondern gleichfalls das Innere der kreuzförmigen Basilika, in dem sich auch Ausstattungsstücke aus dem 20. und 21. Jahrhundert finden. Wie denn die Kirche nicht nur ein Denkmal ist, sondern auch Heimstatt einer lebendigen Gemeinde.

Schloss Landestrost in Neustadt am Rübenberge, Ende des 16. Jahrhunderts im Stil der Weserrenaissance nahe der Leine erbaut, war in ein die Stadt umschließendes Festungsbauwerk integriert. Noch heute ist dies im Gartenbereich der Anlage deutlich zu erkennen, wie hier bei der Südbastion.

Eisige Winter wird es in Mitteleuropa zukünftig sicher seltener geben, aber das Steinhuder Meer ist zu allen Jahreszeiten reizvoll. 1974 zum Naturpark erklärt, kann hier vielfältige Flora und Fauna beobachtet werden. Gleichzeitig betreiben zahlreiche Besucher insbesondere aus der Region Hannover in diesem Naherholungsraum Wassersport, nutzen die Rund- und Fahrradwege, gehen baden und besuchen die gastronomischen Einrichtungen. Oder sie streben auf die Insel Wilhelmstein (vorhergehende Seiten). Diese wurde ab 1761 angelegt und diente militärischen Zwecken. Längst hat Wilhelmstein jedoch diesen Charakter verloren, ist zum Ziel der Touristen geworden.

Seiten 160/161: 1292 veranlasste Herzog Otto der Strenge die Gründung von Celle. Knapp 150 Jahre später wurde es zur ständigen Residenz der Herzöge von Braunschweig-Lüneburg, die fast 300 Jahre Bestand haben sollte. Noch heute ist die einstige Bedeutung der Stadt im Schloss und dem umliegenden Park zu erkennen. Rund zwei Millionen Besucher belegen jedoch, dass die südlich der Lüneburger Heide gelegene Stadt mit ihren Fachwerkhäusern, Geschäften und Gaststätten einen großen Reiz behalten hat. Und man ist stolz auf die Weltoffenheit, denn Menschen aus über 110 Nationen wohnen in Celle.

DN
G
544
DN
G
545

Die Geschichte des Celler Schlosses begann im 13. Jahrhundert. Aus der ursprünglichen Burganlage wurde im 14. Jahrhundert ein Fürstensitz und nach der Reformation ein Schloss im Renaissancestil, das schließlich in der zweiten Hälfte des 17. Jahrhunderts jenes barocke Aussehen bekam, welches noch heute vorherrscht. Schaut man hinter die Fassaden, so ist dort u.a. eines der ältesten Schlosstheater Deutschlands zu entdecken, das mittlerweile wieder von einem eigenen Ensemble bespielt wird.

Einer der zentralen Orte ist die Stechbahn, einst der Turnierplatz Celles. Heute werden hier Märkte abgehalten, umgeben von herausragenden Werken der in der Stadt in großer Dichte zu findenden historischen Bebauung – zum Beispiel der Stadtkirche St. Marien mit der Fürstengruft. Wer genau hinschaut, wird auf dem 2004/2005 neu gestalteten Platz im Pflaster ein Hufeisen finden. Es erinnert an Herzog Otto den Großmütigen, der hier während eines Turniers vom Pferde gestürzt und verschieden sein soll – so zumindest laut einer Sage.

Das Schicksal des Herzogs in Celle hat die Menschen bis heute nicht davon abgehalten, Pferde zu lieben, mit ihnen Sport zu treiben und auch zu handeln. Wie kein Bundesland sonst ist Niedersachsen den Vierbeinern verbunden. Dies zeigt sich auch in diversen Veranstaltungen, so der Hengstparade in Celle (Bilder obere Reihe), die seit über 100 Jahren im dortigen Niedersächsischen Landgestüt abgehalten wird. Oder bei den Auktionen im sich mittlerweile Reiterstadt nennenden Verden (unten links und Mitte).

Die Vermutung, dass der Name Verden etwas mit dem hohen Ross zu tun habe, liegt nahe – entspricht aber nicht der Wahrheit. Vielmehr geht er auf die Furt zurück, die hier seit alters durch die Aller führte und die entscheidend zur Stadtwerdung beitrug. Karl der Große richtete in Verden einen Bischofssitz ein, der bis zur Reformation Bestand haben sollte.

Über Stadt und Fluss thront der Dom zu Verden. Schon in karolingischer Zeit stand hier eine Kirche. Ab 1290 wurde die gotische Bischofskirche errichtet, die erst wenige Jahre vor der Reformation vollendet war. Die heutige Gestaltung ist stark von einer Renovierung des Jahres 1829 geprägt, die unter Wegnahme von Elementen im Renaissance- oder Barock-Stil zu einer romantischen Sicht auf die Gotik führte.

Anfangs war Bergen-Belsen ein Lager für Kriegsgefangene, von denen bis zum April 1942 über 14 000 vor allem aus der Sowjetunion stammende starben – an Hunger, Seuchen, der Kälte. 1943 übernahm die SS einen Teil des Geländes. Nun wurden u.a. jüdische Häftlinge in das KZ verbracht. Mindestens 52 000 Frauen, Männer und Kinder kamen bis 1945 hier um, darunter auch Anne Frank, deren Tagebuch später eines der wichtigsten Zeugnisse über den von den Nationalsozialistischen getragenen Terror werden sollte.

Bergen-Belsen ist heute ein Ort der Forschung und eine Gedenkstätte, zu der auch das 2007 eröffnete neue Dokumentationszentrum gehört. Erinnert wird an die Geschichte des Lagers, in dem auch Sinti und Roma, Überlebende des Warschauer Aufstandes, Mitglieder der polnischen Heimatarmee und italienische Soldaten gequält und ermordet wurden. Nach dem Kriegsende gab es in Bergen-Belsen weiterhin Lager: für polnische und für jüdische »Displaced Persons«, Opfer der deutschen Verbrechen, die in der Folgezeit zu großen Teilen nach Israel oder Amerika auswanderten. Erinnert wird in der Gedenkstätte ebenfalls daran, dass sich nur wenige der Täter später vor Gericht verantworten mussten und es zu kaum einer Verurteilung kam. Auf dem Bild oben ist – zusammen mit seiner Enkelin – Rudolf Weiß zu sehen, ein Sinto, der als Kind ins KZ kam … und überlebte.

Seiten 170/171: Ländliche Idylle in Lübeln, Landkreis Lüchow-Dannenberg. Ein Rundlingsdorf, also ein Dorf, das rund um einen zentralen Platz angelegt ist (siehe auch Seite 172 oben). Diese Siedlungsform ist typisch für die Region. In Lübeln gibt es dazu besonders guten Anschauungsunterricht, in Form des Rundlingsmuseums »Wendlandhof«. Das Freilichtmuseum bietet einen Einblick in bäuerliche Kultur, traditionelles Handwerk, zeigt verschiedene Niederdeutsche Hallenhäuser. Auch Gärten sind zu besichtigen und eine Streuobstwiese, auf der alte Sorten gedeihen.

Kanapees
Zum

D DAN S772
50

Nur wenig entfernt von Lübeln (oben) fließt die Elbe. Über viele Kilometer bildet sie die Nordgrenze Niedersachsens. So auch bei Hitzacker (rechts oben). Die Stadt, die nur bei Hochwasser ihre Beschaulichkeit verliert, liegt in der Biosphärenregion Elbtalaue-Wendland. Längst hat sie sich einen Namen als Ort der Musik gemacht. Jedes Jahr im März findet die »Musikwoche Hitzacker« statt, über einen langen Zeitraum künstlerisch geleitet von Ludwig Güttler. Ende Juli und Anfang August folgen dann die »Sommerlichen Musiktage Hitzacker«, die 1946 zum ersten Mal stattfanden und damit das älteste Kammermusikfestival in Deutschland sind.

Nicht immer wächst zusammen, was zusammengehört. 72 Jahre verband die gut 1000 Meter lange Elbbrücke bei Dömitz (rechts unten) die beiden Flussufer, war die längste Eisenbahnbrücke in deutschen Landen. Zu Ende des Zweiten Weltkriegs zerstört, wurde sie (im Gegensatz zur nahen Straßenbrücke) nicht wieder aufgebaut - was auch daran lag, dass hier über 40 Jahre die innerdeutsche Grenze verlief. 2010 hat die Deutsche Bahn AG die ein Mahnmal darstellende Ruine versteigert, die sich nun in Privatbesitz befindet.

Nicht von ungefähr befindet sich in Lüneburg das Deutsche Salzmuseum. Die Hansestadt wurde durch den Abbau des »weißen Goldes« und den Handel damit reich. Der Wohlstand zeigt sich auch bei vielen Bauten in der Innenstadt. Etwa dem Rathaus (oben), das ab 1230 entstand, Zeugnisse aus vielen Bauphasen aufweist und den Marktplatz dominiert – auch während des beliebten Weihnachtsmarktes. Eine der bedeutendsten mittelalterlichen Platzanlagen Deutschlands stellt das Ensemble Am Sande dar (rechts). An seinem östlichen Ende ragt einer der höchsten Kirchtürme Niedersachsen in die Luft, der von St. Johannis.

CAFE-BAR
PICCANTI
RISTORANTE
TAXI
5 Taxen
TAXI

Nicht nur von außen - rechts eine Partie in der Heiligengeiststraße - überzeugt Lüneburg, auch ein Blick hinter die Fassaden lohnt sich oft. So bei der alten Raths-Apotheke an der Großen Bäckerstraße - oben die Offizin. Seit fast 500 Jahren besteht sie an dieser Stelle und macht zugleich deutlich, dass es in Lüneburg zwar viele historische Bauten gibt, die Stadt jedoch nicht im Musealen erstarrt ist, sondern sich ihre Lebendigkeit bewahrt hat. Und dies auch aufgrund der jungen Universität, die gut 9000 Studierende zählt.

LÜNEBURGER KRONEN - BRAUEREI A.G.
KRONE

Nirgendwo in Europa gibt es so große zusammenhängende Heideflächen wie in der Lüneburger Heide. Kein Wunder also, dass hier 1956 der erste Naturpark Deutschlands eingerichtet wurde. Eine wunderbare, oft leicht gewellte Landschaft (die größte Erhebung, der Wilseder Berg, schafft es auf 169 Meter). Um die offene Landschaftsform zu erhalten, werden heute u.a. Heidschnucken eingesetzt (rechts unten).

Seiten 180/181: Eine der berühmtesten Künstlerkolonien Europas entstand in Worpswede. 1884 kam der Düsseldorfer Kunststudent Fritz Mackensen erstmals in den nördlich von Bremen gelegenen Ort. Fünf Jahre später kehrte er zusammen mit seinem Freund Otto Modersohn wieder – und blieb. Dass sich in einem kleinen Dorf im Norden eine bedeutende Künstlerkolonie gebildet hatte, zu der inzwischen auch Fritz Overbeck und Heinrich Vogeler gestoßen waren, wurde spätestens 1895 deutlich: Eine Ausstellung im Münchner Glaspalast machte Furore. Weitere Künstler strebten in den Ort – und auch Künstlerinnen, darunter die herausragende Paula Becker, die 1901 Otto Modersohn heiraten sollte. In Worpswede gibt es heute mehrere Museen, so den Barkenhoff, von 1895 bis 1923 Wohn- und Arbeitsstätte Heinrich Vogelers. Hier wird dessen Werk präsentiert, wozu auch der vom Künstler gestaltete Garten gehört.

Seiten 182/183: Wie zahlreiche Städte in Nordeuropa war auch Stade Mitglied der Hanse. Viele der Bauten in der malerischen Stadt machen bis in die Gegenwart deutlich, dass der Handel Reichtum brachte. Dabei profitierte man von der günstigen Lage an der Unterelbe. Auch heute ist Stade noch ein wichtiger Wirtschaftsstandort. Nicht nur Airbus hat hier ein Werk errichtet.

Das Alte Land - jedes Jahr, spätestens zur Obstblüte, wird es wieder jung. Und zu einem Sehnsuchtsziel vieler Menschen, insbesondere aus dem nahen, östlich gelegenen Hamburg. Bereits seit dem Mittelalter widmete man sich hier den Äpfeln, Birnen und Kirschen, heute stellt die Region das größte Obstanbaugebiet Europas dar. Und dies alles, wie links bei Wisch, im Angesicht der Elbe.

Wo die Elbe ins Meer mündet, liegt Cuxhaven. Die Stadt hatte immer etwas mit Fernweh zu tun, das oft auch mit Heimweh verbunden war. Nicht nur, dass jene, die in Cuxhaven leben oder Urlaub machen, gern wiederkommen, um zum Beispiel die Container-Schiffe zu verfolgen, die vorbei an der Kugelbake – einem Wahrzeichen der Stadt (unten links) – auf die hohe See fahren. Auch viele Auswanderer verließen hier um 1900 europäischen Boden, schifften sich in den Hapag-Hallen oder im Steubenhöft ein (unten Mitte). Wie gefährlich Fahrten auf dem Meer sein konnten und können, ist neben vielem anderen Thema des Wrack- und Fischereimuseums »Windstäke 10« (unten rechts).

CUXHAVEN

Zum Schluss der Fotoreise durch Niedersachsen nochmals ein UNESCO-Welterbe, diesmal jedoch ein Naturerbe: das Wattenmeer. Auch wenn es der schlammige Boden, der zweimal am Tag aufgrund der Gezeiten vom Wasser freigegeben wird, auf den ersten Blick nicht erahnen lässt: Das Wattenmeer ist Lebensraum tausender Tier- und Pflanzenarten. Millionen Vögel machen hier Station auf ihrem Weg zu den Brut- oder Überwinterungsgebieten. Eine Fläche von 10000 Quadratkilometern zeichnete die UNESCO im Jahr 2009 aus, die bei geführten Wattwanderungen (oben) bestens zu erleben ist.

Seiten 189 bis 191: Land am Meer, Land der Pferde. Auch am Strand bei Cuxhaven kann man den für Niedersachsen typischen Tieren zuweilen begegnen. Mit dem »Reiten im Watt« werben die Tourismus-Experten vor Ort. Und tatsächlich ist diese Form der Freizeitbeschäftigung nur an wenigen Stellen auf der Welt möglich. Richtig rasant geht es während des Duhner Wattrennens zu, bei dem sich seit 1902 alljährlich an einem Sommertag Galopper und Traber messen. Wer es ruhiger mag , besteigt einen der Planwagen, die bei Ebbe von Cuxhaven zur etwa 15 Kilometer entfernten Insel Neuwerk fahren (nächste Doppelseite). Neuwerk liegt jedoch nicht in Niedersachsen, sondern ist bereits Teil der Freien Hansestadt Hamburg. Und gehört deshalb nicht mehr in diesen Bildband …